Stéphane TOMA

Du merveilleux surnaturel aux merveilles de la nature

TOME 1

Découvrir la médiumnité

Ce qu'elle est, ce qu'elle n'est pas, ce qu'elle nous révèle

Livio Éditions

"C'est une triste chose de songer que la nature parle
et que le genre humain n'écoute pas."

Victor Hugo

INTRODUCTION

A l'heure actuelle, beaucoup de consciences s'éveillent à des systèmes de pensées différents et aspirent à un éveil spirituel d'autant plus effectif qu'il est nécessaire. L'homme tend vers une sagesse dont il (re)découvre les bienfaits, maintes fois véhiculés par tant de mouvements, idéologies, philosophies et de textes. La lumière semble percer le voile ombragé comme jamais. Les perceptions de bon nombre d'entre nous s'étendent, notre taux vibratoire augmente, notre volonté de mieux (mieux être, mieux vivre, mieux aimer, mieux donner, etc.) devient le crédo phare d'une société nous démontrant ses fractures, ses incohérences et les limites d'un matérialisme forcené. La Providence, elle, multiplie les outils, les signes, les courants porteurs de ce renouveau spirituel. La médiumnité est un des ces outils.

Découvrir la médiumnité peut être, selon nos croyances et notre personnalité, un moment perturbant, semé d'interrogations, de bouleversements, de doutes voire de craintes. L'accueillir, la comprendre et l'accepter est un chemin que l'on se décide à parcourir ou non et chacun se rendra compte de quoi il est capable dans cette voie qui ouvre le cœur.

Chaque médium a son parcours, son histoire, ses étapes dans le développement de ses facultés. Bon nombre d'incertitudes, d'épreuves, de deuils et de renoncements se présenteront afin de laisser la place « au nouveau ». Mais tant de merveilles qui n'ont rien à voir avec le merveilleux surnaturel que l'on prête à ces facultés. Et ce sont ces merveilles que je couche ici sur le papier, animé par une théorie qui a jalonné mes propres découvertes, inspirées par tant d'Amour alentour...

Cela dit, la médiumnité, comme toute autre activité, n'échappe pas aux écueils, dangers et protections d'usage, ensemble de points que je souhaite aborder dans ce livre. Mon objectif ici est donc d'apporter une aide permettant aux débutants d'observer d'utiles précautions et partager des connaissances qui pourraient être négligées au profit de la volonté de progresser trop rapidement.

Je n'ai aucune prétention en ces lignes, aucune vérité entendue comme absolue mais une vérité. Celle que je vis, celle qui me porte, définit l'homme que je suis aujourd'hui et qui m'a amené à en découvrir les corrélations avec tout ce que l'humanité a pu véhiculer comme message spirituel. Je ne cherche donc ni à prouver ni à convaincre car là n'est pas mon chemin mais à démystifier, désacraliser ces facultés dont le but et le vrai message se sont dénaturés. En d'autres termes, éveiller la cause que ces effets produisent. Car il n'y a pas d'effet sans cause…

Souhaitant que ces mots résonnent, je partage ces paroles qui ici sont miennes mais qui de tout temps et de manière bien plus illustre ou controversée, ont caressé l'âme de l'humanité, certes dans une forme différente mais identique dans le fond. Et là également, il n'y a pas d'effet sans cause…

CHAPITRE 1

PRÉSENTATION

“Toute vérité passe d’abord par trois phases.
D’abord, elle est ridiculisée ; ensuite, elle rencontre
une vive opposition avant d’être acceptée
comme une totale évidence.”

Arthur Schopenhauer

DÉFINITIONS

La médiumnité

En latin, médium est le pluriel de media et signifie littéralement intermédiaire.

Avant l'apparition du terme médium, on utilisait le mot de somnambule pour désigner des personnes qui, dans un état déclenché par hypnose ou magnétisme, attestaient d'une sensibilité exceptionnelle et communiquaient avec l'invisible. A la fin du 19ème siècle, le médium sera défini par Allan Kardec et la doctrine du spiritisme comme étant l'intermédiaire entre les Esprits désincarnés (l'âme des défunts) et le monde terrestre incarné.

Le médium est une personne animée d'une forte sensibilité et dont les perceptions dépassent le champ habituel des cinq sens. Il est ainsi sujet à l'impression physique d'émotions, d'énergies extérieures aux siennes et émanant aussi bien d'une personne que d'un lieu mais également de tout événement. En cela, rien ne le différencie d'une personne ayant une empathie toute aussi forte. Ce qui le caractérise principalement, ce qui définit donc la médiumnité, c'est la relation avec les Esprits de tout ordre.

En d'autres temps, les prophètes, les pères fondateurs des religions communiquaient déjà avec l'invisible. C'est d'ailleurs par ce biais que la pensée divine s'est communiquée et, pour ne prendre que cet exemple, l'Eglise admet l'authenticité de certaines apparitions et communications de saints. Jésus, lui-même a dit " je répandrai de mon esprit sur toute chair ; vos fils et vos filles prophétiseront ; vos jeunes gens auront des visions et vos vieillards auront des songes." (Actes, ch. II, v. 17, 18). Paradoxalement cette même Eglise viendra ensuite interdire toutes communications de cet ordre, ne les réservant qu'à une caste religieuse définie, limitée et prônant l'hérésie face à toute controverse... Ces phénomènes, longtemps perçus comme surnaturels et merveilleux, attribués à la magie voire à la sorcellerie, ne sortent pourtant pas de l'ordre naturel des choses. Cette faculté est inhérente à l'homme et n'est donc pas le privilège du médium. Il est d'ailleurs des personnes qui, loin de toute connaissance ou intérêt, vivent ces phénomènes, bien malgré eux.

L'étude de la médiumnité par le spiritisme s'est initiée à l'époque de l'apparition de ce que l'on appelait les tables tournantes. A cette même époque, les magnétiseurs essuyaient les plâtres de cette médecine nouvelle, véhiculant des principes échappant à la science du moment (et d'aujourd'hui encore). De même, adeptes, curieux ou véritables précurseurs de l'étude de la médiumnité, ont été la risée de leurs contemporains. Il est pourtant à noter que les premiers faits se rapportant à la découverte de l'invisible se sont déclarés au même moment, partout dans le monde...

Le 20ème siècle fera progressivement disparaître l'intérêt pour les médiums au profit d'une confusion avec ce qu'on appelle aujourd'hui les voyants. De nos jours, un médium est principalement considéré comme un lecteur de bonne aventure, amputé de son potentiel de guidance spirituelle pourtant moteur de développement personnel. En parallèle, d'autres termes fleurissent comme le channeling, pour ne citer que celui là. Dans un autre domaine, celui des soins énergétiques, se confondent magnétiseur et énergéticien, médium guérisseur et praticien Reïki, bioénergéticien, etc. Les praticiens eux-mêmes ne favorisent pas la bonne compréhension de la fonction. Quant aux « Archanges de lumière » et autre « canal du divin », dénominations qui ne remettent pas forcément en cause la qualité et le cœur de ces praticiens, ils concourent néanmoins à la prolifération d'erreurs et d'un certain charlatanisme qui, comme le disait Voltaire, « est né le jour où le premier fripon a rencontré le premier imbécile ».

Mais bien que la médiumnité n'enlève rien au bon sens, il est rendu difficile d'appréhender l'impalpable dans une société matérialiste où ne se quantifie que le visible et, surtout, ce qui ne contrarie ni croyance, pouvoir et encore moins lobbying... L'homme a ainsi laissé s'échapper la vraie nature de la médiumnité, dont le but ultime reste pourtant le progrès spirituel et l'élévation morale de chacun.

L'être humain : de matière et de spirituel

" Les hommes sont des anges stagiaires "
Victor Hugo

L'étude de la médiumnité, rejoignant là encore des connaissances établies depuis fort longtemps, nous montre que l'homme est constitué de :
- L'âme (ou l'Esprit) : siège des facultés intellectuelles et morales, de l'activité psychique et des états de conscience
- Le corps : enveloppe matérielle, siège des fonctions organiques
- Le périsprit (ou corps astral) : enveloppe fluidique de l'âme servant de lien entre l'âme et le corps. L'aura en est son rayonnement, son émanation

- Le fluide vital (ou énergie vitale) : agent magnétique, sorte de conducteur électrique, permettant à l'âme d'agir sur le corps. Sa circulation est, entre autre, gérée par les chakras[1]

« Ame » et « Esprit » sont là deux termes désignant la même notion avec cette différence que l'âme désigne l'Esprit lorsqu'il est incarné dans le corps physique, l'Esprit désignant l'âme lorsque qu'elle est désincarnée, c'est à dire « détachée » du corps physique à la mort.

L'être humain est donc un Esprit incarné.

Revêtue de son enveloppe fluidique qu'est le périsprit, l'âme est elle même revêtue de l'enveloppe corporelle qu'elle anime par le biais du périsprit. La pensée est un attribut de l'âme qui lui donne la possibilité d'agir sur le corps. Schématiquement, l'âme pense, le périsprit transmet, le fluide vital véhicule, le corps exécute. A l'inverse, quand le corps veut, le fluide vital véhicule, le périsprit transmet et l'âme reçoit.

Par ses cinq sens, le corps limite les perceptions aux choses matérielles et tangibles ; ce qui se touche, se voit, se sent, s'entend ou se goûte. Il nous fait ressentir la faim, la soif, le désir, la fatigue. Le périsprit lui, sorte de manteau fluidique de l'âme, de nature identique à l'énergie universelle, permet la perception des choses spirituelles qui échappent aux sens charnels. C'est par lui que l'Esprit incarné est en continuel rapport avec le monde spirituel (il est en quelque sorte le point de contact par lequel sont rendus possibles les effets médiumniques). Sous des appellations diverses (c'est le « KA » égyptien, « L'ochéma » de la Grèce antique, le cordon argenté des occultistes, etc.), cette relation entre l'esprit et le corps physique a toujours été connue.

Il est aussi comme un passeport spirituel dans lequel sont

---

[1] Le fonctionnement des chakras sera détaillé dans le tome 2 « Le médium guérisseur »

consignés nos vies, notre avoir intellectuel et moral, nos pensées, nos vices et nos vertus, etc. Sa nature s'épure, se rend plus ou moins éthérée et subtile selon le degré d'avancement moral et spirituel de l'âme dont il est l'organe sensitif. Ainsi, s'ennoblissant des qualités acquises, il étend le champ de ses perceptions comme une parabole élargit son champ de réception.

Le fluide vital (ou énergie vitale) est responsable de l'animation du corps et de ses organes, comme le courant électrique fait s'illuminer l'ampoule. Il est une résultante de la transformation du fluide universel (ou énergie universelle, qualifiée également de divine ou cosmique)[2] qui est l'élément cosmique primitif remplissant l'univers et donnant origine à l'infinie variété des corps organiques (hommes, plantes, animaux). Ethéré à l'état primitif, le fluide universel se condense dans l'organisme humain pour devenir ce fluide vital, réserve nécessaire au bon fonctionnement du corps. Par comparaison au fluide universel, originel et pur, le fluide vital peut être comparé aux couches inférieures de l'atmosphère, plus lourdes, plus grossières que les couches supérieures.

Sa quantité n'est pas la même chez tous les êtres vivants, d'autant moins que ce fluide s'épuise, comme l'essence d'une voiture. Il se renouvelle entre autre par la respiration, l'alimentation ou par l'action d'une personne capable de l'extérioriser et de le transférer[3].

C'est cette constitution qui image et explique la dualité de l'être humain, constamment tiraillé entre la matière (le corps) et

---

2 Le fluide universel est la matière première antérieure à la création. C'est l'illiaster de Paracelse, l'orgone de Wilhelm Reich, le prâna des hindous, etc. Cette notion sera plus amplement détaillée dans le tome 2 « Le médium guérisseur »)

3 Ce transfert sans intervention d'un Esprit est le magnétisme.

le spirituel (l'âme), le premier voulant irrémédiablement prendre le dessus sur le second. Mais l'homme doit s'y éprouver en muselant ses penchants négatifs afin d'en tirer tous les bénéfices facilitant son évolution. De cette même constitution découle également le fait que bien être physique et bien être moral sont inévitablement liés.

Qu'est-ce qu'un Esprit ?

> " Les morts sont des invisibles,
> mais non des absents. "
> Victor Hugo

Ce que l'on appelle un Esprit est donc une âme désincarnée lorsque le corps se meurt. A la différence du corps, matériel et périssable, l'Esprit, l'âme donc, est éternel, tout comme le périsprit qui l'enveloppe et le suit dans ses incarnations. Sa nature immatérielle échappant aux sens de l'homme incarné, on peut dire qu'il n'est « visible » que par les yeux de l'âme.

La perfection est sa terre promise, sa destination finale. Tout comme l'enfant acquiert les connaissances nécessaires à son développement en parcourant les différentes phases de la vie, l'Esprit progresse d'incarnation en incarnation et s'améliore plus ou moins rapidement. La loi du progrès régissant en ce sens le dogme de la réincarnation, il peut, selon son libre arbitre et sa volonté, ne pas progresser mais ce qu'il a acquis l'accompagne de toute éternité. Tous les Esprits, nous tous donc, sommes en chemin vers une perfection rendue possible par la loi du progrès et par la justice de la réincarnation.

Les Esprits sont partout autour de nous, pénètrent toute matière, nous observent ou interfèrent à notre insu mais n'agissent que par ordre ou permission. N'ayant plus de corps pour agir sur la matière, la pensée est pour eux ce que la main est à l'homme et c'est par cet attribut qu'ils peuvent communiquer, se faire entendre, claquer une porte, etc. Ils ne résident pas dans un lieu particulier ou circonscrit que l'on décrirait comme l'enfer pour les mauvais ou le paradis pour les bons. Ce n'est là qu'une allégorie traduisant un état de conscience de leur condition sur l'échelle de la spiritualité.

Leur nature morale n'est en rien différente de celles de leurs frères incarnés ; les uns sont gentils, bons, altruistes, d'autres méchants, égoïstes, vicieux. Intellectuellement il en est de même, l'instruction et le savoir diffèrent comme ils diffèrent ici bas. D'un point de vue de leur nature spirituelle, la doctrine du spirite a définit une classification basée sur leur degré d'avancement. Elle n'a évidemment rien d'absolue et j'en résume ici les grandes lignes tirées du « Livre des Esprits » d'Allan Kardec.

Les Esprits imparfaits sont les Esprits pour lesquels le matériel prédomine sur le spirituel. Ils ont donc une propension aux mauvais penchants. Leur influence, souvent dirigée vers des incarnés susceptibles de leur céder par affinité ou faiblesse, est donc néfaste ou simplement trompeuse, comme peuvent l'être les mauvais conseils d'un faux ami. Les uns sont plus malicieux que méchants et se plaisent à semer le trouble, l'erreur ou de simples tracasseries dont ils s'amusent en spectateurs invisibles. D'autres, plus neutres, ne font ni bien ni mal mais, ne faisant pas de bien, rentrent de fait dans cette catégorie. Les plus imparfaits d'entre eux sont qualifiés d'impurs. Ils sont clairement enclins au mal qu'ils font par plaisir, envie ou jalousie. Incarnés, les hommes qu'ils animent sont ce que la terre compte de plus abjecte moralement. Ils sont enclins à tous les penchants que la morale et la loi peuvent réprouver, ainsi qu'à tous les sentiments négatifs comme la haine.

Les « bons Esprits », regroupent ceux chez qui le spirituel prédomine sur le matériel. Ils sont heureux du bien qu'ils font et du mal qu'ils empêchent. Suscitant de bonnes pensées, ils détournent les hommes de la voie du mal et neutralisent l'influence des mauvais Esprits. Certains se distinguent par l'étendue de leurs connaissances, d'autres par leurs qualités morales et leur jugement sain sur les hommes. Incarnés, ils sont bienveillants et font le bien pour le bien. Au dernier stade de cette catégorie, se trouvent ceux que les spirites qualifient de supérieurs. Ils réunissent savoir, sagesse, bienveillance et ne s'incarnent que pour des missions de progrès.

Quant aux Esprits purs, ils représentent les âmes sur lesquelles l'influence de la matière est nulle. Ils ont parcouru tous les degrés de l'évolution, ne sont plus assujettis à la réincarnation et leur supériorité intellectuelle et morale est absolue par rapport aux Esprits des autres ordres. Ils commandent tous les Esprits qui leur sont inférieurs et les aident à se perfectionner. Les croyances populaires et les religions les nomment anges ou archanges, ils sont les messagers et les ministres du Divin dont ils exécutent les ordres pour le maintien de l'harmonie universelle.

Guide spirituel (ou ange gardien), esprits protecteurs

" Chaque être vivant a, dans ce monde,
un ange qui le régit ".
Saint Augustin

Le guide spirituel est un Esprit protecteur d'un ordre élevé et toujours supérieur à son protégé. Il lui est attaché depuis sa création. Par définition, le médium peut ressentir sa présence et ses bons influx plus nettement que celui qui n'a pas cette sensibilité. Mais il n'est pas un homme au monde qui n'ait pas cet ami sûr et loyal. Il est donc pour ceux dont les perceptions ne leur permettent pas de le ressentir, comme un humble et anonyme mécène.

Sa mission peut être comparée au rôle d'un parent bienveillant pour son enfant ; il guide, veille, protège, conseille et soutient. Enclin à répondre aux appels de son protégé, il est toujours présent et disposé à lui éviter bien des écueils en lui suggérant toujours les bonnes pensées. Il n'empêchera pas les épreuves nécessaires à son développement mais en fera alors ressentir leurs utilités. Rien de ce que nous sommes et nous anime ne peut lui être caché. Ainsi, il laissera son protégé se fourvoyer dans ses choix et récolter ce qu'il a semé, afin que de l'erreur, il apprenne et par l'épreuve, il grandisse. Il est donc dérisoire de penser qu'il nous aidera à parcourir le chemin du moindre effort.

Il n'est pas non plus le bon génie de la lampe qui exhausse tous nos souhaits et ne se prête à rien de désuet et encore moins de vil (comme par exemple à la curiosité de vérifier s'il peut répondre à des questions dont on connait la réponse, nous aider à gagner au loto ou tricher à un examen.). Son aide n'est pas forcément celle que l'on pense ou espère recevoir mais toujours celle qui doit nous être apportée, sans complaisance et sans jamais nous soustraire à notre libre arbitre. Il provoque des hasards qui n'en sont évidemment pas, nous avertit lorsqu'un danger nous menace par intuition, par rêve ou par pressentiment.

Outre le guide de chacun d'entre nous, des Esprits protecteurs, attirés par affinité et avec la permission des Esprits qui leurs sont supérieurs, vont également constituer notre environnement spirituel. Ces Esprits, que l'on peut qualifier de familiers, sont de bonne nature et se rendent utiles avec plaisir, à la hauteur de ce qu'ils sont eux-mêmes capables et autorisés à faire. Contrairement à ce que leur dénomination désigne, ils ne sont pas forcément et uniquement les défunts de notre famille. Le terme familier s'entend ici par l'attachement que ressentent ces Esprits et leur volonté de nous être utile. Les autres sont attirés, plus ou moins durablement, en fonction d'affinités similaires dans le bien comme dans le mal. D'autres encore, que l'on pourrait qualifier de sympathiques, sont attirés par similitude et affinité, dans le bien comme dans le mal. Ils ne sont donc pas en soi protecteurs dans le sens où ils peuvent devenir obsédants[4] mais ne sont pas forcément néfastes.

Qu'est-ce que la mort ?

> " Ce que précisément on nomme mort,
> c'est une dé liaison et une séparation
> de l'âme d'avec le corps. "
> Platon

La mort est la fin de la vie matérielle, organique. Le corps ne retient alors plus l'âme qui, s'en séparant, redevient Esprit.

Au moment de la mort, l'Esprit qui s'en retourne au monde

---

[4] L'obsession définit l'emprise que peut exercer un Esprit sur un incarné, imprégnant ses idées sur lui et le faisant agir à sa guise. Ce point sera abordé dans le chapitre 3.

spirituel, est dans le trouble, comme émergeant d'un sommeil profond, passant d'une pièce assombrie à la lumière du jour. Ses perceptions sont d'abord confuses, encore voilées par l'influence de la matière corporelle dont il va se dégager peu à peu, pour jouir de nouveau de ses facultés pleines et entières. Il y retrouve son guide et est accueilli par les défunts de cette vie qu'il vient de terminer et tous les Esprits qui lui sont « proches ».

Dans cet interlude, l'Esprit est dit errant. Il y conserve son individualité (qu'il ne perd jamais), ses habitudes, sa manière de voir les choses et de les interpréter. Il en va de même pour son avoir intellectuel et moral, la mort ne rendant pas implicitement meilleur. Comme une mi-temps lors de laquelle l'entraineur va faire un bilan du début de match, l'Esprit se fait face. Libéré de la matière entravant sa pleine perception de lui-même, il constate son propre état d'avancement, ses erreurs, ses travers restant à corriger, bref, il reprend pleinement conscience de sa « feuille de route » et des écarts de conduite. L'influence que la matière a eue sur lui dans l'incarnation (ou qu'il a laissé avoir sur lui) et tout ce qu'elle a produit définit les impressions qui y sont ressenties. L'homme bon y est paisible et ressent déjà les bienfaits de son incarnation. Au contraire, celui dont la semence a produit le mauvais fruit, vit l'angoisse de sa propre conscience, comme un hors la loi sentant l'approche inévitable de la justice.

Cette errance n'a pas de durée déterminée et dépend de la gravité des fautes et de la volonté de l'Esprit de progresser. Charge à lui d'assumer ou de fuir la responsabilité de ses actes passés et du chemin restant, que son guide lui fait entrevoir. Ce dernier peut également le laisser « baigner » dans cette conscience de lui-même, comme une punition nécessaire et égale à ce qu'il a produit lors de son incarnation. Un meurtrier, par exemple, sera entouré des Esprits dont il a ôté la vie, imprégné alors de leurs souffrances sans pouvoir s'y soustraire. D'autres ressentiront l'impression, certes fausse car la loi du progrès est pour tous, qu'ils resteront ainsi pour toute l'éternité. Car si incarné, l'homme a pu chloroformer sa conscience et rester insensible à la souffrance de ceux qu'il a affligé, là, c'est impossible ; l'Esprit doit ressentir les souffrances causées comme si elles étaient siennes. Le libre arbitre joue là un rôle prépondérant pour l'Esprit, pouvant prolonger son état ou s'en remettre à l'influx qu'il reçoit de son guide pour évoluer. Mais plus il reste attaché aux sensations terrestres, plus il retarde son évolution. Il erre alors aussi longtemps que son refus de progresser est effectif.

C'est également dans cette errance que certains Esprits, ayant conservé leur attachement au monde physique, souvent Esprits d'ordre inférieur, se servent des incarnés pour continuer à agir comme de leur « vivant », faisant le mal comme Esprit ou se jouant d'eux, profitant de leur tout nouveau pouvoir sur l'incarné, leur « invisibilité ». C'est là ce que l'on nomme l'obsession et tout être humain y est exposé. Ces Esprits, par choix, ignorance ou par simple fuite de leur sort, peuvent errer fort longtemps, étant laissés en l'état jusqu'à ce qu'ils se tournent d'eux-mêmes vers le bon chemin. D'autres veulent délivrer un message avant de « partir » et tentent par tous les moyens de se faire entendre. D'autres encore, comme par exemple dans le cas d'une mort soudaine, n'ayant pas progressivement amené le détachement de l'âme du corps, sont parfois ignorants de ce nouveau statut. En d'autres termes, ils ne savent pas qu'ils sont morts. Ils restent alors attachés à un lieu ou une personne. Un médium dont les facultés lui permettent d'agir en ce sens, aidera ou forcera l'Esprit à poursuivre son chemin dans le monde spirituel. C'est là ce qu'on appelle le passage d'âme. Dans tous les cas, la prière, les bonnes pensées à l'égard de ces défunts agissent comme une douce impulsion, une enveloppante compassion incitant à aller de l'avant. Ils la reçoivent toujours, ou, pour un Esprit dur au repentir, quand ce bienfait lui est octroyé pour son avancement.

L'Esprit bien sûr est également récompensé des bienfaits de son incarnation et ressent alors la joie et le bonheur, comme une récompense. Lui sont ensuite de nouveau montrés, expliqués, révélés, les mystères, les trésors de la sagesse qu'il retrouvera en fin de parcours, lorsque le cycle des incarnations ne lui sera plus nécessaire. Aspects que l'incarnation suivante ne rendra plus directement et consciemment accessibles mais qui animera l'âme par intuition. La théorie de la réminiscence de Platon image parfaitement ce point, expliquant en d'autres termes que la trace laissée à ce stade est comme une boussole interne, guidant vers l'évolution et surtout rendant la recherche de cette évolution plus facile, dans le sens où l'âme porte en elle la direction insufflée entre ses incarnations.

Puis vient le temps de la réincarnation[5] la renaissance dans un autre corps, la suite du chemin.

LES EFFETS DANS LES FAITS : médiumnité ou propriétés de l'âme ?

" Nous portons en nous des merveilles
que nous cherchons en dehors de nous. "
Sir Thomas Brown

Comme nous l'avons vu précédemment, la médiumnité se définit uniquement par le rapport avec un Esprit et les effets créés par cette interaction. Mais par le simple fait d'avoir une âme et un périsprit, l'être humain est en rapport direct ou indirect, conscient

---

[5] Ce point sera abordé dans le chapitre 4.

ou inconscient avec les Esprits. Nous pouvons alors dire que chaque être humain est médium car même sans le percevoir clairement, ce lien n'en est pas moins effectif pour chacun d'entre nous.

Effets médiumniques

Tout effet dit médiumnique est produit par l'union du périsprit du médium et de celui de l'Esprit qui l'assiste. De fait, il en va d'une certaine osmose et affinité entre ces enveloppes fluidiques. Il ne suffit donc pas d'être médium pour communiquer avec tous les Esprits, comme un médecin pourra convenir à tel patient et non un autre, un traitement à tel malade et non à un autre. La loi d'affinité s'entend ici comme toute affinité entre deux personnes, rendant possible ou non une bonne communion des périsprits et donc, de bons effets. De cette même loi découle le fait que de la nature du médium dépend également la nature des Esprits qui se communiquent à lui.

Les effets, eux, sont multiples et dépendent de divers paramètres qu'il serait difficile d'énumérer dans leur ensemble, chacun ressentant selon ses capacités et sensibilité. Par définition, un médium est à même de ressentir la présence d'un Esprit. Ce ressenti se traduit généralement par une sensation de froid parcourant l'échine ou d'une sensation de frôlement. L'habitude et l'expérience feront que les impressions ne laisseront bientôt aucun doute sur la présence d'un Esprit et sa nature, comme l'aveugle reconnaissant par instinct la présence de telle ou telle personne de son entourage.

En fonction des facultés du médium, un Esprit peut donc :
* se faire ressentir
* se faire voir

- transmettre sa pensée en l'imprimant sur celle du médium
- se faire entendre
- exercer une action physique sur le médium (comme dans le cas de l'écriture automatique)
- inspirer le médium
- assister un médium guérisseur[6]
- …

L'Esprit qui se communique agit directement sur l'Esprit incarné via cette enveloppe fluidique qu'est le périsprit. Pour les effets plus physiques (comme l'écriture automatique ou les déplacements d'objets comme le verre du oui-ja[7]), l'Esprit, dépourvu du fluide vital animant le corps qu'il n'a donc plus, le puise chez le médium auquel il se communique afin de pouvoir agir sur la matière. Ceci explique la fatigue provoquée par la seule production de ces effets.

Dans le cadre de l'écriture automatique, l'Esprit fait écrire le médium comme on ferait écrire un enfant en lui tenant la main. Le médium retranscrit la communication mécaniquement, le mouvement de la main étant alors indépendant de sa volonté. Il ne découvre son contenu qu'une fois écrit car, ici, l'écriture précède la pensée.

Dans l'écriture dite semi-mécanique, le médium ressent la prise de contrôle de sa main tout en ayant conscience de ce qu'il reçoit. Ici la pensée accompagne le message.

---

[6] Ce thème sera l'objet du tome 2 de la collection « Du merveilleux surnaturel aux merveilles de la nature »

[7] Le oui-ja est une planche utilisée lors des séances de spiritisme, sur laquelle sont représentées les lettres de l'alphabet, les nombres de 0 à 9 ainsi que les termes « oui » et « non ». Elle permet à l'Esprit de communiquer en épelant les mots.

Chez le médium qualifié d'intuitif (par comparaison avec le principe automatique décrit ci-dessus), la pensée de l'Esprit s'imprime sur celle du médium. Ce dernier, par cette transmission de pensée, a alors conscience de ce qu'il reçoit. Il en est de même pour le médium dit clairaudient, qui, lui, entend l'Esprit qui se communique d'une voix intime et intérieure ou clairement audible. Le médium peut alors exprimer l'idée reçue avec son langage habituel. Dans ces deux cas, la pensée précède la retranscription du message.

Quant à la nature bonne ou mauvaise de l'Esprit qui se présente, elle se mesure simplement : ce qui ne fait que le bien, qui n'est que sagesse et amour, ne peut venir que du bon. Mais là encore, comme toute règle ayant ses exceptions, certains Esprits peuvent influencer le médium, à la manière d'un cheval de Troie, en se faisant « passer » pour bienveillants. Ceci pouvant tenir d'une mise à l'épreuve pour le débutant, ou d'une erreur d'appréciation d'un médium trop enclin à s'enorgueillir de ses capacités (que généralement ces médiums nomment pouvoirs). Pour s'en prémunir, l'idée n'est pas tant de faire venir à nous les bons Esprits mais de nous élever vers eux. En d'autres termes, plus on s'épure moralement et spirituellement et plus on éloigne les Esprits d'ordre inférieur.

Mais quelle est la part revenant au médium et celle à l'Esprit ? Comment tenir pour fondée une communication et ne pas la confondre avec une pensée personnelle subconsciente ? Il est en effet difficile de différencier la pensée du médium de celle qu'il reçoit car l'influence personnelle est inévitable, surtout chez le débutant. L'expérience viendra là encore affiner le ressenti et permettre au médium une meilleure distinction. Par élimination, la part de l'Esprit réside dans la teneur des messages étant en dehors des idées, des souhaits, des convictions, de l'imaginaire ou connaissances habituelles du médium.

Il est donc évident que la médiumnité n'est pas un simple

jeu de question/réponse dont les règles en seraient prédéfinies et toujours respectées. Lorsqu'on ouvre cette porte, on ne sait jamais vraiment qui se trouve derrière. La méconnaissance de ces principes expose tant à la supercherie qu'au danger. Il ne suffit pas de s'adresser au premier Esprit qui passe pour s'entendre dicter la connaissance de toute chose. Enfin, les croire tous supérieurs et riches de savoir comme en bonté est une erreur. Chacun d'eux dit ce qu'il lui est permis de savoir et, au même titre, ce qu'ils sont autorisés à dire.

Propriétés de l'âme : quand l'âme agit...

Bon nombre d'effets sont rattachés à tort à la médiumnité. Cette voix dite de la conscience qui chuchote en nous, les " je sentais que cela allait arriver ", " tiens, je pensais justement à toi au moment de ton appel ", etc., autant de phénomènes qui ne sont là que des attributs de l'âme et non des privilèges du médium.

Émancipation de l'âme

" L'homme est une prison où l'âme reste libre "
Victor Hugo.

Comme un oiseau en cage, l'Esprit est retenu dans cette enveloppe corporelle et ne peut s'en affranchir que dans des conditions spécifiques. De fait il ne manque aucune occasion de s'en échapper lorsque sa « présence » n'est pas indispensable aux fonctions organiques (le périsprit le reliant au corps, l'Esprit y est instantanément « rappelé » dès que sa présence est requise). C'est le principe de l'émancipation de l'âme (ou sortie de corps astral ou encore voyage astral).

Cette faculté est inhérente à l'être humain et n'a rien de médiumnique dans son principe dans le sens où il n'y aucune intervention d'un Esprit extérieur. Dans l'émancipation, c'est l'âme qui agit. Le médium est plus enclin et a plus de facilité, même à l'état de veille, à se détacher facilement de l'emprise du corps pour laisser son âme jouir de cette liberté. Mais c'est dans les phases de sommeil que cette faculté est la plus active chez tout un chacun.

Tout être humain retrouve donc le monde spirituel dans son sommeil. Il y rejoint son guide et tous ses Esprits protecteurs avec lesquels il peut alors s'entretenir. Il y reçoit bonnes pensées, conseils, approbations ou avertissement d'un danger à venir et les moyens de s'en prémunir. Le souvenir au réveil peut parfois être vague, ne laisser qu'une impression mais le message reviendra toujours au moment opportun, comme une inspiration de l'instant.

Mécanisme de transmission de la prière/pensée

Comme l'ordinateur en réseau est connecté à son serveur, nous sommes tous connectés au même réseau fluidique, à la même énergie universelle, à ce même « grand tout ». Chaque pensée est énergie, un signal en quelque sorte, une onde surfant sur la vague fluidique. Ainsi, comme la sève irrigue chacune des branches de l'arbre, la pensée se propulse et atteint son but. En d'autres termes, lorsque l'âme émettrice prie/pense, le fluide universel véhicule, l'âme réceptrice reçoit. Lorsque la pensée est dirigée vers quelqu'un, un courant fluidique s'établit entre eux. Cette connexion explique les ressentis à distance d'un proche. L'âme est alors comme une parabole par laquelle est capté le fait que l'autre pense à nous (d'où les « tiens, c'est marrant que tu m'appelles, je pensais justement à toi » ..).

Tout comme l'air est le véhicule du son, l'énergie universelle est le véhicule de la pensée. Chaque pensée laisse son empreinte, son signal, l'information qui lui est liée dans ce fluide universel et peut donc être « captée ». Ainsi le sensitif, le voyant, le médium peut les retranscrire. Il les perçoit plus finement, les ressent plus nettement ou les voit par flashs, sorte de photographie représentant une pensée (lorsque par exemple celle-ci image un évènement que quelqu'un a vécu ou s'imagine). Et c'est par ce même principe que la communication avec les animaux s'établit. Penser à emmener son chien en promenade l'amène inévitablement au pied de son maitre, excité comme un enfant au pied du sapin de Noël.

On comprend ainsi le rôle et la portée d'une prière, porteuse de bienfaits énergétiques que les paroles propulsent vers son destinataire.

Voyance ou vue spirituelle

" Le Bien est l'invisible qui fait voir "
Socrate

La vue spirituelle, la voyance pour le dire plus usuellement, découle de l'émancipation de l'âme à l'état de veille. Elle amène, éveillé donc, la faculté de percevoir des événements présents, passés ou futurs, ou, par exemple, l'ambiance d'un lieu distant, l'état d'esprit d'une personne, etc. N'impliquant aucunement l'assistance d'un Esprit, il n'y a rien de médiumnique dans ce principe ; par la vue spirituelle, c'est l'âme qui voit.

Contrairement à la croyance générale, cette faculté n'est donc pas réservée à un nombre restreint d'élus. On parle d'un don qui finalement n'en est pas un car tout être humain ayant une âme, tout être humain est voyant. Alors que les Esprits purs la vivent dans sa pleine puissance, la vue spirituelle est atténuée par l'incarnation, plus ou moins développée selon chacun et varie de la vague impression à la perception très nette.

Dans sa définition courante, prédire, c'est annoncer un événement futur, sans en avoir aucun indice rationnel au préalable. Afin de recevoir ces prédictions, un consultant fait appel à ce qu'il nomme usuellement un voyant. C'est par la lecture et l'interprétation de ses supports (tel un tarot ou un oracle) que ce dernier délivre ses prédictions. Le support, comme son nom l'indique, est un soutien, une base sur laquelle peut s'appuyer la pensée du praticien. En dehors de leur signification première lui délivrant l'information qu'ils contiennent, celui qui les utilise peut ne pas tenir compte de leur définition. Il arrive d'ailleurs que seul un endroit d'une carte attire instinctivement le regard et que cette partie de la représentation suffise à la délivrance du message. Le médium, lui, pratique ce que l'on appelle la voyance pure, c'est à dire sans support (qu'il peut néanmoins utiliser en complément). Les messages lui sont délivrés par les Esprits qui l'assistent et par la vue spirituelle. Mais cette dernière étant un attribut de chaque être humain et non du médium uniquement, il est évident que les voyants prédisent aussi avec elle, même à leur insu. De plus, même si cette perception n'est pas aussi nette que pour le médium, le voyant reçoit forcément messages et informations de son guide.

Par la vue spirituelle, on ne prédit pas, on voit. La prédiction est une peinture de la situation dans son ensemble. Evénements, causes, effets, état d'esprit des intervenants, tous les éléments nécessaires à la compréhension du contexte sont présentés. Le praticien est alors comme un homme placé au dessus d'une montagne et devant en guider un autre à passer de l'autre côté. Il va l'éclairer sur ce qui est masqué par le versant ou par le brouillard, l'avertir des embûches, des passages les moins dangereux. Pour ce consultant, le futur représente le moment où il sera enfin de l'autre côté de la montagne. Pour le médium, ce futur n'est qu'une perception plus claire de ce qui existe et non une prédiction d'un fait sans lien avec le présent ; pour lui, gravir cette montagne est l'action présente. C'est ce qui explique en partie que le temps est difficile à cerner avec précision. Puis il en va également de l'Esprit qui se communique et qui n'est plus assujetti au temps « humain ». Il n'y a plus pour lui de cycle solaire rythmant le quotidien terrestre, l'espace temps n'est plus le même. Enfin, la voyance conseille, avertit, suggère, guide vers le bon choix mais n'enlève rien au libre arbitre. Lorsque le contexte dépend d'un choix du consultant, les prédictions s'arrêtent à ce stade. L'homme doit être libre et responsable de ses propres choix, car de ses actions ou de son immobilisme dépendent la suite des évènements et en permet donc la datation. De plus, tant que le choix n'est pas fait et n'est donc pas dans sa pensée, cela peut décaler la chronologie des événements tout en arrivant à la même finalité.

Il ne faut pas non plus croire que tout puisse être révélé. Il est utile dans certains cas, que le consultant soit averti de prochains événements afin de les gérer au mieux le moment venu. Mais il y a aussi des épreuves qui doivent être vécues par le consultant pour son propre avancement, des buts à atteindre par l'effort, sans qu'il en soit averti. Certaines questions ne peuvent donc pas recevoir de réponse. Pour d'autres, ayant une nette tendance à faire les mauvais choix, préférant le chemin du moindre effort et qui passent leur temps à consulter espérant trouver un voyant qui ira dans leur sens, ils s'exposent à des prédictions d'une qualité discutable. A force de répéter les mêmes choses, suggérer les mêmes conseils, viendra un temps où les Esprits supérieurs ne communiqueront plus. Ils laisseront la place aux Esprits inférieurs, lesquels s'amuseront alors à prédire tout et son contraire. Enfin, d'autres évènements sont en eux-mêmes la conséquence de la personnalité du consultant et ne rentrent pas dans le cadre de ce que l'on pourrait définir comme une prédiction. Une simple analyse factuelle de la situation permet d'en définir la finalité et beaucoup de réponses ne sont que déduction et logique.

Intuitions, pressentiments, rêves prémonitoires

" Le pressentiment est le souvenir du futur "
Rémy de Gourmont

Le savoir, la connaissance, animent le raisonnement et la déduction logique née de la réflexion. L'intuition elle, s'oppose au raisonnement. Elle est une fonction naturelle nous amenant ce que nous ne pouvons ni sentir, ni penser. C'est la connaissance directe et immédiate d'une information qui se présente à la pensée comme une évidence, sans analyse ou réflexion préalable.

Le pressentiment est un conseil intime et protecteur. Il vient prévenir, comme un système d'alerte, d'une voix instinctive délivrant son message à l'approche du moment en question. Il n'y a là encore, rien d'intellectuel au sens de la réflexion, ceci pouvant s'apparenter à de l'instinct animal. C'est ainsi, pour ne prendre qu'un exemple, que nous empruntons tel chemin plutôt qu'un autre. Et si le pressentiment est d'ordre inconscient, nos réactions le sont tout autant, nous sommes alors comme téléguidés, le mental étant comme mis en pause (s'il ne l'était pas, nous ne suivrions pas ce pressentiment car la réflexion l'emporterait alors sur l'action).

Les rêves prémonitoires, par définition, se produisent lors des phases de sommeil. A cet instant, l'âme s'émancipe, rendant ainsi ses perceptions plus efficientes. Bien que l'information délivrée puisse parfois être confuse ou avoir une signification allégorique qu'il faudra décoder, le rêve laissera une impression, le sentiment de devoir accomplir tel acte, d'éviter un souci, etc. Cette impression se fera alors plus nette au moment opportun.

Le rêve n'a donc rien de médiumnique dans son principe et découle de l'émancipation de l'âme. Intuitions et pressentiments dépendent du même principe pour beaucoup. Platon disait que l'intuition est la saisie immédiate de l'idée par l'âme et ce, indépendamment du corps. Elle est aussi parfois une sorte de rappel de notre feuille de route, définie à l'incarnation. Certes notre activité intellectuelle et sensitive n'est pas inactive, nous pensons, réfléchissons, cherchons, déduisons mais cette petite voix dite de la conscience, nous parle à tous. Cette voix qui nous guide, nous suggère pour le moins, n'est autre que la voix de l'âme, stimulant nos instincts et chuchotant ses bonnes intentions à notre intellect.

CHAPITRE 2

VIVRE SA MÉDIUMNITÉ

"Que d'hommes se pressent vers la lumière
non pas pour voir mieux, mais pour mieux briller."

Friedrich Nietche

DÉVELOPPEMENT

Le développement de la médiumnité est lent et progressif. Comme toutes les facultés, le temps la perfectionne et la rend naturelle et spontanée. Nous ne pouvons prétendre à parler couramment une langue dès lors que nous rentrons en apprentissage de celle-ci. La conjugaison, le vocabulaire, l'accent, tout se maitrise avec le temps. Persévérance et désir de servir sont donc de mise. Il existe également une grande différence entre celui qui a une faculté naturelle et celui qui la recherche. Par conséquent, il ne faut jamais forcer le développement et laisser œuvrer la nature.

Bien que ces facultés soient en chacun de nous, tout le monde ne peut pratiquer véritablement. La santé physique comme psychique doit être à même de supporter les manifestations d'Esprits inférieurs et toutes les énergies négatives auxquels le médium est exposé. Il est donc évident qu'une personne dont la santé est fragile ou altérée ne doit en aucun cas pratiquer.

Pour développer au mieux sa médiumnité, outre la pratique régulière, c'est principalement l'homme qu'il est que le médium doit développer, épurer, faire grandir. Car plus important que d'être un bon médium, il faut être un médium avec de la bonté. Les qualités morales sont donc indispensables car, souvent, le médium lui-même est le frein de sa progression. De plus, la nature des effets, communications ou messages qu'il reçoit, dépendra de sa capacité à devenir un récepteur sans obstacles.

Ces facultés sont également propices à ce que j'appellerai « l'illumination débordée ». Le médium doit donc surtout veiller à garder la « tête froide » et les pieds bien sur terre.

Phases et évolution

Le développement de la médiumnité peut se découper en trois phases : Eveil / Développement / Production.

La phase d'éveil marque la naissance des effets médiumniques.

Premières perceptions, premières communications, etc. Ces premiers effets sont déclenchés, subis, la médiumnité se déclarant d'elle-même pour nous faire prendre conscience de cette faculté. Elle émerge naturellement, comme une résultante de l'état d'avancement de chaque personne, comme une graine que la nature mène à la germination quand le moment est venu. La fréquence et la qualité des effets sont favorisées pour mettre le débutant en confiance.

Bien souvent, à ce stade, les communications et messages reçus par le débutant proviennent de son propre subconscient, de son imagination. C'est par un travail régulier que ces influences personnelles finissent par disparaître au profit de réelles manifestations d'Esprits.

La phase de développement, elle, peut durer plusieurs années et dépend du niveau d'assiduité du médium, de son implication et de ses influences inconscientes.

C'est généralement au début de cette phase que les effets s'amoindrissent et que la motivation du médium est comme testée, évaluée. Nait alors le sentiment que plus aucun effet n'est possible. C'est à ce stade que les efforts doivent être les plus vifs, cette phase marquant le début de la recherche personnelle, du travail sur soi et du progrès moral et spirituel ; l'outil doit être façonné au mieux pour servir au mieux. Le médium doit travailler sur lui, combler ses failles, résoudre ses troubles, s'emplir d'amour, de compassion et bien sûr, de la foi. Ses capacités s'en ressentiront et il sera ainsi de plus en plus assisté, accompagné et protégé par de bons Esprits.

Cette phase marque aussi l'apprentissage des dangers et de la nécessité de se protéger, le débutant attirant inévitablement des Esprits inférieurs. Même si son guide et ses Esprits protecteurs l'aideront à les repousser, il sera éprouvé dans cette confrontation visant bien sûr à le faire progresser.

La phase que je qualifie de production ne marque pas l'apogée des facultés mais la mise en pratique de ces dernières. Acceptées, cernées, ces facultés grandissent au rythme des avancées morales et spirituelles du médium. Et tout comme un sportif de haut niveau se maintient dans la performance par un entrainement régulier, le médium n'aura de cesse faire progresser l'homme qu'il est.

De la peur aux doutes, des preuves à la foi

" Avoir la foi, c'est monter la première marche,
même quand on ne voit pas tout l'escalier "
Martin Luther King

La peur engendrée parfois par la découverte de ces phénomènes disparait au profit de l'intérêt porté par le débutant. Elle est bien souvent remplacée par le doute qui peut freiner le développement de la médiumnité. Il est donc naturel d'être demandeur de preuves pour se rassurer, être renforcé dans sa confiance en soi. Mais ces preuves parviennent déjà au médium par le simple fait de produire les effets qu'il découvre. Par la suite, d'autres confirmations lui parviendront dès lors qu'il arrêtera d'en demander et aura accepté ce nouveau potentiel.

Au fil du temps, le médium acquiert confiance en lui et en sa pratique. Sans pour autant se croire autosuffisant, il fera preuve de conviction et inspirera cette même confiance. C'est dans cette conviction que résidera la foi. La foi en ces forces supérieures et donc la foi en sa propre capacité. Peu importe les croyances religieuses, ce en quoi ou en qui réside cette foi, ni les mots employés pour la décrire, chacun est libre de la définir et de l'orienter comme il le souhaite. La foi est un état mental qui exulte la confiance en l'accomplissement d'un fait, mettant ainsi le médium dans les conditions idéales pour la pratique. Car lorsqu'un homme est animé par une foi véritable, il n'a plus de doute dans son cœur et l'exprime non seulement à travers ses aptitudes mais surtout par son attitude. En lui règne l'optimisme, le calme et la force, car ne pouvant pas être en même temps dans le doute et la confiance, l'homme de foi est serein.

Quant à la foi aveugle qui accueille sans contrôle, elle se discrédite généralement d'elle-même. Avoir la foi ce n'est pas espérer ou penser que, c'est savoir. Le médium duquel n'émane pas une évidence communiquera son insécurité à ses consultants mais également aux Esprits qui s'approcheront de lui.

L'enfant médium

La médiumnité surgit généralement très tôt. Cela dit l'enfance n'est pas propice à son développement. La fatigue de l'organisme que la pratique implique n'est pas en adéquation avec les ressources physiques de l'enfant, ainsi qu'avec ses capacités psychiques. De plus, de par leur impressionnabilité émotionnelle, les enfants sont plus perméables à l'influence de mauvais Esprits. De fait, la médiumnité naissante devient vite silencieuse au profit de l'apprentissage de la vie et du développement nécessaire qui mènent à l'âge adulte. La vie devant d'abord apprendre à l'enfant ce qu'elle doit lui apprendre, certaines de ses questions sur le sujet pourront ensuite recevoir réponses.

Les parents d'un médium en herbe doivent l'inviter à raconter ce qu'il vit. Ils peuvent ainsi estimer la cohérence de son discours ou bien le fruit de son imagination. Parler de cette force du cœur qui est la sienne et qui semble effectivement développée, lui donner la direction de la bienveillance, de l'Amour et de la compassion plutôt que de le pré-orienter vers le monde invisible et la pratique. Un médium peut accompagner ces parents, intervenir auprès de l'enfant pour calmer les effets si besoin ou le diriger vers un pédo-psychanalyste si les besoins sont tout autre.

Enfin, il ne faut surtout pas en faire un amusement pour lui et ne pas inscrire l'idée qu'il est un être à part. Il ne doit se prendre ni pour un super héros ni un extraterrestre. En d'autres termes il ne doit pas être animé d'un sentiment de supériorité ou d'infériorité qui serait néfaste pour son bon développement émotionnel et psychique.

Le médium et son quotidien

La pratique de la médiumnité ne doit pas se faire au détriment du quotidien et de ses exigences. Les pieds bien ancrés au sol et l'âme projetée vers les cieux, le médium demeure attentif aux appels de sa fonction mais doit accomplir avec vigilance les obligations que la vie physique lui impose.

La médiumnité ne fait pas vivre ce que nous ne sommes pas capables de supporter. Elle implique par contre de vaincre en soi

« le vieil homme » et d'accepter le nouveau, celui qui a volonté de se rapprocher toujours plus de la spiritualité. Le médium comprendra que d'une certaine manière, il devra rompre avec beaucoup de principes et d'habitudes, sans évidemment rejeter ce qui l'a constitué. Tout en faisant grandir tolérance et indulgence, la médiumnité exigera de lui un renoncement croissant. De fait il pourra se sentir divisé, car vivre comme les autres ou comme les siens peut être rendu difficile voire impossible.

Une bonne hygiène de vie est évidemment préférable pour son équilibre et sa protection. En dehors des consultations lors desquelles sont puisées ses forces, le médium étant un récepteur sensible, voire hypersensible, il est fortement impacté par les énergies environnantes qu'il ressent d'une personne, d'un lieu, d'un évènement, d'un objet, des Esprits enclins à lui nuire, etc. Ces variations impactent son équilibre au quotidien et fatiguent son organisme. Veillant à son protégé en tant qu'homme comme en tant qu'outil à préserver, son guide l'incitera au repos voire le rendra obligatoire. Composant à souhait le déclenchement, il ne laissera subsister aucun doute quant au caractère obligatoire de l'incitation. Généralement, ces messages là sont clairs…

Outre les Esprits et les consultants venant à lui, les personnes dans le mal être sont bien souvent attirées par le médium, comme elles le sont par toute personne affichant et dégageant une paix intérieure qu'elles envient. Comme il n'est pas toujours évident d'évincer ces énergivores dans la vie de tous les jours, le médium est de fait enclin à une certaine solitude dans laquelle il médite et se ressource. Dans le silence il se régénère, par la méditation il accumule en lui les forces vitales et par la prière il renforce sa volonté et attire à lui les bons Esprits.

De l'incompréhension de l'entourage

" Et pour quelles raisons étranges
les gens qui ne sont pas comme nous,
ça nous dérange ? "
France Gall – Il jouait du piano debout

Nous prêtons une écoute rendue parfois stérile par un entendement borné à tout ce qui ne rejoint pas nos croyances et convictions. La force de l'habitude ou l'éducation, quand ce n'est pas un blocage d'ordre émotionnel ou psychologique, nous enferme dans un système de croyances et de pensées difficile à désacraliser. Mais cette force de l'habitude empêche bien souvent l'homme de se remettre en question et l'incite à rejeter tout ce qui est contraire aux opinions reçues. La médiumnité n'échappe pas à cette contrainte, son caractère particulier au regard de celui qui ne le vit pas, est source de bien d'incompréhension. L'invisible, l'impalpable, tout ce que les outils d'aujourd'hui ne sont pas à même de définir, de quantifier, de démontrer, ne peut qu'être rejeté. Il est donc courant que le médium débutant fasse l'objet de critiques ou de mises en garde de la part de ses proches qui tentent de le décourager à s'engager sur cette voie.

Quiconque semble montrer une différence ressent de l'incompréhension de son entourage ou, selon les cas, un rejet. Mais c'est plutôt là une peur ou de l'inquiétude face à un autre qui est différent de soi et que l'on n'arrive pas à comprendre. Il est pourtant rare qu'un moine tibétain, pour prendre un exemple, ne soit pas admiré ou envié pour ses valeurs, sa capacité à méditer et sa sagesse. L'homme cherche ses enseignements et admire ses paroles sages. Mais si ce moine vivait sous son toit, le rapport serait sûrement tout autre...

Bien difficile parfois est donc ce chemin, comme celui qui mène à la sagesse, car bien des changements s'opèrent. Cet aspect ne tient évidemment pas de la médiumnité en particulier car toute personne qui souhaite changer, s'anime de sentiments nouveaux et sa façon d'être comme son être lui-même s'exprime différemment. De plus, une force mystique semble animer le médium aux yeux de celui qui ne l'est pas. Etant toujours porté vers le bien de l'autre (sans s'oublier lui-même), on peut comprendre sa fatigue mais rarement ses états d'âmes.

Le médium devra apprendre à se protéger de ces divergences, ces contrariétés voire ces rejets. De cette différence naitra parfois la culpabilité de ne plus ressentir l'adéquation avec son environnement. L'écart entre cette paix intérieure devenue primordiale et ces ambiances extérieures devient parfois trop grand. On ne demande évidemment pas au médium de vivre en reclus mais de se protéger de toute source nocive à son équilibre personnel, tant physique que moral. La tolérance et la compréhension de l'autre ont beau se développer, il sera de plus en plus difficile de supporter la méchanceté ou les faux semblants. Ceci ne tenant pas d'un jugement car le médium sait que tout le monde est perfectible. Mais comme l'oiseau migrateur va par instinct là où son équilibre primordial le mène, le médium ne peut rester figé dans un environnement inconfortable et se laisser « polluer ». Il aidera dans la bienveillance, guidera et conseillera, ne se sentira jamais glorifié par les mercis ni atteint par les critiques mais devra, s'il le faut, s'éloigner.

Des croyances religieuses

" Le Dieu de mon âme n'est pas le résultat de recherches
scientifiques,
mais le gouverneur des lois morales de ma conscience. "
Stefan Zeromski

La foi en Dieu est une intime conviction que chacun ressent ou non et n'est pas un pré requis dans la médiumnité. Elle n'est d'ailleurs pas une obligation en soi sur le chemin de l'évolution personnelle. Tout comme un pratiquant n'a pas plus de mérite à aller prier dans tel lieu saint qu'un homme ayant la même ferveur seul dans sa chambre, un homme n'est pas un homme de bien uniquement parce qu'il croit en Dieu ou pratique telle religion.

De plus, si l'on prend à la lettre les enseignements religieux, la médiumnité a surtout l'image du mal et le médium celle d'un allié de Satan. L'homme d'église vous dira que cela n'est réservé qu'aux prophètes de Dieu et qu'il s'agirait plutôt là d'une pathologie psychiatrique. Certains débutants pourront donc se sentir freinés ou en porte à faux vis-à-vis de leurs obédiences.

Peu importe en somme en quoi l'on croit, ce qui compte est de l'appliquer au quotidien, dans ses attitudes comme dans ses pensées. Dans le respect et la bienveillance de soi et d'autrui, à l'écoute de son cœur, guidé par son âme si il sait la chérir, aucun homme ne trahit le divin qui est en lui...

RAPPORTS

Le médium et le consultant

" Traitez les gens comme s'ils étaient ce qu'ils
devraient être,
vous les aiderez à devenir ce qu'ils sont capables de
devenir. "
Goethe

Ni élu, ni surhomme et encore moins magicien, le médium est le relais et l'interprète des guides et Esprits qui l'assistent. Il est un outil et doit se positionner comme tel face au consultant. Récepteur sensible, il entend, ressent, transcrit et transmet ce qu'il reçoit. Il ne peut voir que ce qu'on lui montre et doit servir sans asservir. Il éclaire les zones d'ombre, aide à la prise de décision mais doit laisser œuvrer le libre arbitre de chacun.

Comme le disait Einstein, " tout le monde est un génie, mais si vous jugez un poisson sur ses capacités à grimper à un arbre, il passera sa vie à croire qu'il est stupide ". Bienveillance, tolérance et compassion seront donc les maitres mots de toute consultation. Le médium est là pour montrer le chemin, la clé qui manque au consultant en lui délivrant les plus bénéfiques messages et non pour juger la situation.

Quelques consultants viennent avec la connaissance des

pratiques médiumniques et de l'atmosphère propice à une consultation porteuse et agréable. Ils ont bien souvent la ferme volonté de comprendre, changer, avancer et ont des demandes concrètes. D'autres viennent par simple curiosité ou pour des contextes difficiles pour eux. Mais plus généralement le consultant est en détresse morale, en proie à la confusion ou simplement dans le doute face à un choix. Il voit parfois le médium comme un être à part, aux pouvoirs mystiques qui lui donnera réponse à toutes ses questions, avec une infaillible précision, allant jusqu'à pouvoir certifier les évènements futurs. D'autres pensent qu'il suffit d'exposer leur problématique au médium pour que s'accélère le temps afin que tout rentre dans l'ordre plus rapidement et, si possible, que s'annule l'effort ou le travail sur soi nécessaire à la résolution de leurs problèmes. Souhaitant être approuvés dans l'arrangement qu'ils ont avec leur mauvaise conscience, certains consultants viennent chercher la complaisance et non la contradiction. Le consultant est pourtant dirigé vers le bon médium. Pas le meilleur, car il n'a y aucun classement des facultés autres que morales, mais celui qu'il lui faut et, surtout, celui qui à l'instant choisi sera le plus apte à répondre à son besoin.

De fait le médium doit aussi accepter l'échec, le rejet de sa non complaisance, la main tendue qui n'est pas prise. Le médecin ne peut rien quand le malade ignore l'ordonnance. Est aidé celui qui veut vraiment l'être et ne chemine réellement que celui dont les actes corroborent ses paroles. Ce n'est pas le positif qui ne les atteint pas, ce sont eux qui souvent le refusent. Le rôle du médium n'est pas de les changer mais de les mener sur la voie du changement. La médiumnité devant rester de l'ordre de la guidance et non de la dictature, libre à eux de suivre le même chemin ou de s'astreindre à une conversion.

Au même titre d'ailleurs que l'incarné, l'Esprit errant viendra chercher auprès du médium, le réconfort que sa condition lui demande, comme le malade est dirigé vers le médecin.

D'autres seront, contre leur gré mais pour leur bonne évolution, également dirigés vers le médium afin qu'il les aide. Sorte de pilotage automatique, d'une efficacité incontestable, duquel le médium ne pourra se soustraire que dans les phases de repos, gérées elles aussi par la meilleure direction du personnel au monde !

Le médium et l'argent

" L'argent en tant que tel n'est ni bon ni mauvais, il est, simplement.
Il est là pour être utilisé, doit être mis en circulation et non accumulé.
C'est de la puissance et la puissance doit être manipulée avec sagesse. "
Eileen Caddy, la petite voix.

Rien n'interdit d'être aisé. Il est évident que tout homme a besoin de se faire plaisir, même matériellement. On ne demande pas au médium, ni aux hommes en général, de se dépouiller et de s'interdire les plaisirs du quotidien, tout matériel puissent-ils être. Etre médium, comme être en chemin vers la sagesse morale et spirituelle, n'est pas contradictoire avec le fait de posséder mais avec l'attachement au besoin de posséder. La richesse n'enlève rien à la force du cœur mais enlève tout à celui qui en est esclave.

Néanmoins, le matérialisme d'une personne dont la façon de vivre est basée sur la recherche et le besoin des biens matériels, est antinomique avec la fonction médiumnique, que seul le cœur doit animer. Le médium saura alors se limiter à ce dont il a besoin pour vivre avec dignité.

En faire son métier, une pratique à part entière implique une notion d'argent évidente. Les contingences financières de notre société ne peuvent nous soustraire à cet aspect comme par exemple, lorsque le praticien a charge de famille. Le médium, comme tout homme, doit assumer les responsabilités que la vie impose. Mais le consultant ne doit pas représenter un « gagne pain ». En aucun cas le médium doit nourrir l'envie de s'enrichir dans sa pratique autrement que d'un point de vue moral et spirituel. Il n'est ni commerçant, ni marchand de biens, les consultations ne doivent être prodiguées que si elles sont nécessaires et non pour combler un manque budgétaire.

La charité, fille de l'amour et force du cœur, doit rester l'une des qualités principales du médium comme de l'homme de bien. La lumière et la consolation sont pour tous et ces facultés ne sont pas uniquement réservées à ceux qui peuvent payer. Si par cette activité le médium ne répond pas aux obligations de la vie matérielle, alors une seconde doit être trouvée.

CHAPITRE 3

DANGERS ET PROTECTIONS

Un vieux chef Indien utilisa une fable avec deux loups
pour enseigner la vie à son petit-fils.
" Un combat terrible se produit entre deux loups. L'un
est mauvais, l'autre bon.
Ce combat terrible se passe aussi en toi et à l'intérieur
de chacun. "
Le petit-fils demanda : " Grand-père, lequel des deux
loups va gagner ? "
Le vieux Cherokee sourit et répondit simplement :
" Celui que tu nourris ".

Fable amérindienne

DANGERS

Outil puissant pour guider vers le mieux, la médiumnité est aussi dangereuse de par sa capacité à se retourner contre les médiums et les expérimentateurs. Une bonne santé physique et psychique est essentielle à la pratique et à la protection qu'elle implique. A ce titre, il est évidemment déconseillé de mener les personnes atteintes de schizophrénie ou de psychose maniaco-dépressive sur la voie de la médiumnité. Ces pathologies ne doivent en aucun cas sortir d'un cadre de vie médical standardisé car elles nécessitent un traitement et un suivi spécifiques à vie.

Comme tout malade est dirigé vers le médecin, bon nombre seront guidés vers le médium, incarnés et désincarnés. La protection se veut donc constante. Le volontaire, guidé vers lui, s'y résoudra avec toute l'aspiration au mieux être que les capacités du médium lui procureront. L'influx qu'il produira lui sera salutaire et accueilli comme tel. Mais il n'en sera pas toujours de même, encore moins pour les Esprits plus réticents ou enclins au mal, cherchant alors à nuire au médium, comme tout ennemi en guerre se vouera à la perte de son rival ; force du bien contre force du mal.

Le médium lui-même

Le premier danger auquel le médium s'expose n'est autre que lui-même. Trop de débutants, portés par l'éclat de leur réussite foncent tête baissée en multipliant les actes, occultant par ignorance ou par orgueil, les dangers auxquels ils s'exposent.

Le médium ne doit jamais perdre de vue qu'il n'est pas l'unique moteur des effets qu'il produit et que son guide et Esprits protecteurs sont indispensables à leurs productions. Il ne doit les solliciter qu'avec respect, réelle nécessité et dans un complet détachement. Car comme la peur et la foi incertaine, le profit ou l'asservissement ne favoriseront évidemment pas l'essor des facultés. Ce sont là des failles spirituelles et morales dans lesquelles s'engouffrera le négatif.

Mais l'écueil principal réside dans l'orgueil et la propension de certains médiums à se croire supérieurs, élus ou prophètes en mission et surtout dans la croyance d'être intouchables de par leurs positions. Cette illumination débordée est dangereuse et atteint généralement des personnes n'ayant pas une forte capacité à rationaliser et à « toucher terre ». De la spiritualité ils en font un mysticisme démesuré les portant soit à la risée de leurs consultants, soit aux dangers de l'obsession. Malgré une bonne foi apparente et toute leur bonne volonté, certains de ces survoltés spirituels risquent d'emmener dans leurs sillages ceux qui viendront à eux et seront, à leur tour, éclairés de cette mauvaise lumière.

Le médium veille donc à ne pas tomber dans la démesure, garde la tête froide et sait que l'outil qu'il est doit être façonné au mieux pour fonctionner au mieux.

De l'empathie au « mode éponge »

Comme cela a été abordé précédemment, chaque pensée est énergie. Ce que nous sommes, ce qui nous anime, nos pensées et états, se transcrivent donc dans notre énergie, notre aura et y induit comme un message, une onde énergétique, un flux, une vibration chargée de ces états. Nous « dégageons » ce quelque chose que l'autre peut alors ressentir ou non.

Par l'empathie, qui agit comme une éponge absorbant l'eau, nous sommes plus ou moins sensibles et réceptifs à ces énergies émanant de l'autre (les bonnes comme les moins bonnes). Faible chez les uns, elle n'est pas dérangeante. Pour d'autres, à contrario, l'empathie devient parfois difficile à gérer et, à forte impression, ces flux peuvent envahir voire submerger. Contrôler, se protéger, demandent un travail régulier car l'empathie ne s'annule pas, elle se maîtrise. Tout comme l'éponge ne peut se soustraire à ses propriétés de rétention des liquides et n'être qu'essorée régulièrement, ces extra sensibles peuvent se libérer des flux environnants et se protéger en amont. Mais sensibles ils sont, sensibles ils resteront.

Le médium, hypersensible par définition, doit apprendre à se protéger de ces influx et surtout à s'en défaire, s'en « dégager » afin de les limiter à une information passagère. Débordé par ses émotions il exposerait là une faille dans laquelle ne manqueraient pas de s'engouffrer les mauvais Esprits. Cette faille étant généralement de nature psychologique (si par exemple elle tourne à l'identification à l'autre ou si elle trouve sa source dans le besoin absolu d'être reconnu en aidant l'autre), un travail sur soi s'avère alors nécessaire.

Mauvais sorts, possession, pactes

La possession au sens de l'incorporation n'existe pas, un Esprit n'entrant pas dans un corps comme on monte dans une voiture. Le terme de « possédé » ne s'entend que par la domination de l'Esprit sur la personne qu'il dirige, c'est ce que l'on nomme obsession. Il n'y a pas non plus de pacte, d'âme vendue à Satan (qui, bien que contenant là un enseignement moral, n'est qu'une allégorie) et encore moins de sorts jetés. Il n'y a que de mauvaises personnes qui ont de mauvaises pensées et intentions.

Ces pensées, lorsqu'elles sont répétées avec vigueur et secondées d'une ferme volonté de nuire, peuvent atteindre leur destinataire. Elles deviennent alors comme un flot d'énergie négative imprégnant sa cible, laquelle par ses propres failles, peut alors se trouver sous l'emprise de cet « environnement envoyé ». Effet que les mauvais Esprits, bienheureux de l'occasion qui leur est donnée, ne manquent pas d'accompagner. Fort heureusement, nos guides nous protègent et fort heureusement également, toutes ces pensées négatives ne nous atteignent pas forcément. Ce principe implique surtout l'idée de toujours favoriser le bien afin de ne pas s'exposer à ce genre d'atteinte, le négatif attirant le négatif.

Un travail dit de dégagement s'avère pourtant nécessaire dans certains cas. Bâtons dans les roues, malchance répétitive, blocages relationnels sans raisons apparentes, autant de signes impactant le quotidien du consultant. Le médium devra bien sûr écarter toute source émanant du consultant lui-même car beaucoup viendront en accusant le sort, le voisin, l'ex en colère où la tante jalouse. Il doit alors accompagner le consultant face au miroir de l'âme, celui qui ne peut mentir, même dans l'auto-défense la plus forcenée. En effet, se complaire dans le négatif et ne faire que des mauvais choix par manque d'estime, ignorance ou bêtise n'amènera pas un travail de dégagement mais plutôt une guidance ou une thérapie.

Obsession

L'influence des Esprits a de tous temps été exercée. La médiumnité, démontrant l'existence de ce monde invisible et de ses « habitants », ne fait que l'attester. Elle vient surtout démontrer que le rapport des Esprits avec l'être humain ne réside pas uniquement dans les communications et encore moins dans des intentions toujours positives. Bien au contraire, ce lien peut parfois s'avérer néfaste. Telle est l'obsession.

Cette emprise psychique exercée par un Esprit malfaisant a pour moteur la vengeance, la jalousie, la simple envie de déranger ou de faire le mal. L'Esprit s'y adonnant profite généralement de la faiblesse de sa cible qu'il sait peu apte à le rejeter. De plus, galvanisant son égo pour mieux le diriger, il divise pour mieux régner et fait en sorte que rien ne vienne frapper la raison de l'obsédé. Obsession simple, fascination ou subjugation, cette emprise peut être plus ou moins néfaste. Elle a, dans tous les cas, un impact énergétique évident car le fluide nocif de l'Esprit obsédant imprègne celui de sa victime. Ainsi, à la fatigue de l'organisme viennent s'ajouter des troubles physiques.

Dans l'obsession simple, l'Esprit obsesseur essaie d'imposer sa présence. Il se communique frénétiquement essayant ainsi d'empêcher tout autre Esprit de rentrer en contact avec le médium. Ce dernier n'est pas dupe, il sait bien qu'il a affaire à un Esprit trompeur et qu'il n'est pas plus dangereux que le lutin farceur d'un conte d'enfant. L'obsession est là plus gênante que néfaste. Dans d'autres cas, l'obsession simple regroupe les Esprits venant demander de l'aide : le médium sera alors le levier nécessaire à leur bonne évolution.

La fascination se définit par l'illusion produite par un Esprit sur la pensée du médium. Ici, le jugement du médium à l'égard des communications et sa capacité à les raisonner sont comme enrayés voire paralysés. Ne croyant pas être abusé, il ne réalise pas le ridicule des messages qu'il délivre.

La subjugation est quant à elle l'obsession la plus forte et la plus dangereuse. Elle annihile la volonté de celui qui la subit et le fait agir malgré lui. Il est, en d'autres termes, comme un pantin animé de la main du marionnettiste. L'Esprit prend totalement l'ascendant sur sa cible et peut la mettre en péril, l'incitant à des actions ou comportements dangereux pour elle ou autrui. Poussée à l'extrême, cette obsession peut conduire à ce que la médecine traditionnelle nomme la folie.

Pour le médium atteint de sa propre pratique, son guide, les prières d'autrui, le travail d'un confrère détectant là l'obsession, lui permettront de se dégager.

Pour le consultant, outre la fatigue ou des comportements inhabituels et dangereux, le médium aguerri ne manquera pas de constater la présence de l'Esprit obsesseur.

Schizophrénie et psychose maniacodépressive

La difficulté pour le médium à distinguer l'obsession et la médiumnité de la schizophrénie et des troubles bipolaires vient du fait que le discours du malade peut s'apparenter à celui du médium comme à celui de l'obsédé (voix qui suggère, visions, non maitrise de certaines réactions physiques, etc.). La différence majeure entre un médium et les personnes souffrant de cette pathologie (car elles souffrent d'être dans un monde menaçant et qu'elles ne comprennent pas) est que chez le médium, la santé psychique est normale et les facultés cessent pendant les maladies ou les moments de grandes fatigues. Autre indication : la personne atteinte de ces pathologies ne relate que des faits qui lui sont connus et dont le contenu ne surpasse pas ses connaissances.

Certaines personnes peuvent parfois répondre « oui » à la question êtes vous schizophrène. Mais cela ne traduit pour autant pas le fait qu'elles aient pleinement intégré leur pathologie et ses effets : on leur a dit qu'elles étaient schizophrènes, point. Dans le doute, l'anamnèse ainsi que la connaissance de la médicamentation liée à ces pathologies, permettront au médium de les déceler au travers de questions simples (êtes-vous suivi par un psychiatre actuellement ? Prenez-vous un traitement médical quelconque ? Entendez-vous ces voix même en cas de maladie ou de grosse fatigue ? Ces voix se font-elles entendre en permanence ? Etc.).

Enfin, comme toujours, la médiumnité n'enlevant rien au bon sens, le discours même du schizophrène ne laisse aucune équivoque quant à sa condition psychologique. Dans un tel cas, il faut toujours renvoyer la personne vers son médecin traitant ou infirmier référant.

SE PROTÉGER

" Aide-toi, le Ciel t'aidera "
Proverbe

Dans la pratique médiumnique, la protection est de tous les instants. La simple connexion avec l'Esprit qui l'assiste est déjà une source de fatigue pour le médium. Il sera ensuite exposé aux maux de son consultant, impacté par son état physique et émotionnel, états face auxquels il doit bien sûr gérer son empathie. Mais c'est surtout par l'environnement spirituel du consultant qu'il va être le plus impacté. Les mauvais Esprits, ainsi dérangés, ne tardent généralement pas à se retourner contre le médium, souhaitant le remercier, à leur néfaste manière, de les avoir éloignés de la personne qu'ils s'amusaient à influencer.

De fait, quelque soit l'effet à produire, communication, voyance, soins, etc., outre sa foi et l'éclat fluidique de son périsprit, le médium doit avoir une mise en condition, sorte de rituel de protection. Par la prière, il demande assistance et protection de son guide et de tous les Esprits supérieurs pouvant l'accompagner. Par la méditation, il se met en condition et par la foi il génère la certitude qu'un « bouclier » est actif. Chacun trouvera son petit rituel, son processus méditatif.

La consultation en elle même doit être animée d'humilité, d'Amour et du seul désir de faire le bien. Aucune autre volonté personnelle ne doit interférer avec la consultation, le médium n'a rien à prouver au consultant et ne doit retirer qu'une seule satisfaction : le bien qu'il fait à autrui.

Enfin, après chaque consultation, ou lorsqu'un « trop plein » se fait ressentir, toucher du bois, un arbre de préférence à un meuble, permet de se décharger des énergies négatives. Un autre moyen consiste à se passer les mains sous l'eau en la laissant couler des poignets vers les doigts, comme si la main était maculée de sable ou de poussière. « Conscientiser » alors que cette poussière représente les énergies négatives à se débarrasser. Dans le même esprit, sous la douche, laisser couler longuement l'eau sur la nuque, les épaules et les bras.

Le médium restera évidemment attentif à l'obsession qui peut parfois découler d'une seule consultation, même brève. Mais cela est bien souvent l'écueil du médium imprudent, ignorant ou se targuant d'une supériorité mal estimée et dénuée de toute humilité. Confronté à l'obsession, l'une des premières choses à faire est justement de ne rien faire ; pas de spectateur, pas de spectacle. Face à l'indifférence, lui démontrant que son emprise ne prend pas, l'Esprit obsesseur cherchera une autre cible, plus facilement corvéable à ses desseins. Prier pour l'assistance de son guide et les bons Esprits est un soutien qu'il ne faut pas omettre. Mais il ne suffit pas de les solliciter afin que le ménage soit fait, il faut surtout leur demander la force de museler les mauvais penchants qui attirent ces mauvais Esprits. En priant également pour l'Esprit obsesseur, on lui rend le bien pour le mal et on fait ainsi preuve d'une supériorité morale face à laquelle il se pliera.

Car c'est bien par l'ascendant moral et spirituel que l'on va exercer sur l'Esprit que réside la véritable action de protection. L'homme de bien a donc plus de facilité à éloigner les mauvais Esprits (qui le craignent), à attirer les bons et à se protéger des mauvaises pensées d'autrui ou des mauvaises énergies environnantes. Epurant son périsprit par l'élévation morale, l'éclat de cette enveloppe fluidique agit alors comme rempart énergétique repoussant les mauvais Esprits, l'affinité n'étant alors plus de mise[8].

L'idée directrice n'est pas tant de faire venir à nous ces bons Esprits afin qu'ils nous protègent mais plutôt de nous élever vers eux, par nos actes et attitudes au quotidien. Car ce quotidien lui-même est source de bien d'influences externes qu'il nous faut observer avec attention. La colère, la jalousie, la haine prolongée ou la malveillance à notre égard, que ce soit d'un voisin, un collègue de bureau ou ce fichu « conducteur du dimanche » venant de nous faire une queue de poisson, ne doivent procurer en nous aucune équivalence. Qui sème du négatif récolte le négatif.

Quant au matériel, il ne peut rien contre l'immatériel. Les mots comme les objets (pierre, bougie, talisman de toute sorte...) ou les substances (gros sel, le plomb, ...) n'ont d'action que dans la pensée qui s'allie à leur utilisation. C'est ce que l'on y met de l'âme et du cœur qui fait l'action et non l'objet utilisé. Ce dernier n'est qu'un support de la pensée et l'efficacité de son utilisation ne réside que dans la pureté des sentiments de celui qui s'en sert. Il en est de même pour la prière ou toute phrase prononcée. Il ne suffit pas d'énoncer des suites de mots choisis ou d'allumer un cierge pour que les mauvais Esprits s'éloignent. Au contraire, ces derniers s'en amusent, n'étant en rien repoussés par l'objet ou la formule pré-définie et énoncée comme l'unique rempart possible. Celui qui ne se protège que par l'objet ou le mot jeté sans cœur, s'expose d'autant plus aux mauvaises influences. Il est alors comme un homme allumant une lumière derrière un miroir sans tain et qui s'étonne d'être vu.

---

[8] Pour rappel, l'action d'un Esprit sur un incarné se faisant par l'union des périsprits, les natures fluidiques contraires s'opposent

CHAPITRE 4

QUE NOUS DIT LA MÉDIUMNITÉ

"Ce qui est en bas est comme ce qui est en haut :
et ce qui est en haut est comme ce qui est en bas,
pour faire les miracles d'une seule chose"

Hermès Trismégiste

LES EFFETS ET LA CAUSE

Folklorisée, dévalorisée par le charlatanisme, la peur ou la simple ignorance, la médiumnité a été fourvoyée dans la lecture de bonne aventure et les séances de spiritisme sauvages. La Religion et la Science n'ont pas favorisé, elles non plus, son acceptation générale et, selon les époques, ont été faits des médiums des saints, des sorciers ou des fous. Sans omettre le charlatanisme ambiant et les autoproclamés « Chevalier de la lumière » ayant évidemment nui à l'image et la bonne compréhension de ces facultés.

Tout ce que la médiumnité véhicule en matière d'enseignement moral et spirituel n'est pas nouveau. En dehors même des religions, d'autres croyances, philosophies et dogmes étayent depuis fort longtemps les mêmes arguments. Le fil conducteur mène au même chemin ; le bonheur par l'orientation vers la bienveillance, le respect, l'Amour, l'altruisme et toutes les valeurs du cœur. Animer ces valeurs, ces vertus, chercher sa vérité, sa lumière intérieure, cette lumière qui éclaire toujours celui qui veut la recevoir, se prêter à l'effort moral et spirituel, guérir aujourd'hui pour mieux vivre demain, là est le message, la cause de « l'effet médiumnité ».

Enième outil de la Providence offert à notre développement personnel, la médiumnité n'a pas pour but de faire de chaque homme un praticien de la voyance ou des soins énergétiques. Sorte de GPS de la moralité, elle vient aider les hommes à évoluer sur le chemin de la spiritualité. Elle rend plus concrète la nécessité de la pratique du bien au quotidien car même si elle ne révèle rien en elle même, elle nous éveille par la démonstration.

Et cette démonstration, les Esprits eux-mêmes nous la font, présentant le témoignage de leurs conditions, de la récolte de leurs semences. Ils nous dépeignent les bonheurs de leurs efforts, les satisfactions de leurs bienfaits mais aussi les revers de leurs mauvais penchants, de leurs méfaits et de leurs erreurs. Enfin, par la pluralité de leurs existences, ils démontrent surtout qu'aucune lutte n'est vaine, qu'aucune épreuve n'est gratuite comme aucun mal ne reste impuni.

DE L'HOMME MATÉRIEL À L'HOMME SPIRITUEL

" Nous ne sommes pas des êtres humains vivant des expériences spirituelles.
Nous sommes des êtres spirituels vivant l'expérience humaine. "
Teilhard de Chardin

De part sa position d'Esprit incarné, l'homme est en perpétuelle relation avec sa composante spirituelle et ses bonnes incitations. Le corps, lui, n'est qu'une enveloppe matérielle, voilant ce lien comme le brouillard voile le paysage à la vue. Là est donc toute la difficulté pour l'homme, si tant est qu'il s'y expose, car lutter entre matériel et spirituel, haine ou amour, positif et négatif, est une dualité quotidienne inévitable. Socrate disait à propos de ce duo matériel/spirituel que " les sens importunent le penseur et l'homme moral en l'incitant à la passion, à la colère, au plaisir immédiat. Il faut s'en affranchir autant que possible : c'est la condition première d'une connaissance possible et d'une véritable moralité ”.

Celui qui choisit la voie du bien, qui parvient à préférer les biens spirituels aux biens matériels, s'évite bon nombre d'écueils. Comment se mouvoir sur ce chemin ? En suivant les lois divines gravées en son âme, ces lois bonnes et bienveillantes. A l'inverse, l'orgueil, la cupidité, la jalousie, la colère, etc., sont autant de maux que l'homme crée en parfaite autarcie et qu'il s'inflige à lui-même. Il est par conséquent bien souvent responsable de ses malheurs. Et lorsqu'il choisit pleinement la voie du mal, il ajoute à ses mauvais penchants les peurs qui vont avec : le voleur aura peur d'être volé, le traitre d'être trahi, le menteur d'être démasqué. Bref, une projection amenant un quotidien plutôt anxiogène voire paranoïaque dans certains cas.

L'évolution spirituelle est donc le chemin qui mène à l'équilibre et au bien être. Non par peur d'un châtiment mais par conviction personnelle, l'homme qui s'épure augmente son taux vibratoire et l'énergie toujours plus positive qui l'anime attire alors le positif. Certes, travailler sur soi, sur ses défauts, privilégier tout ce qui fait évoluer moralement n'est pas chose aisée. Mais tout comme on se félicite, une fois guéri, de s'être résigné à un traitement contraignant, sortir vainqueur de ce combat intérieur est une vraie richesse.

Connais-toi toi-même

“ Il n'y a rien de noble à être supérieur à vos semblables.
La vraie noblesse est d'être supérieur à celui que vous avez été auparavant. ”
Ernest Hemingway

Dans la pratique médiumnique, connaitre ses fondements, ses mécanismes, ses limites, bref, ce que l'on est et comment on « fonctionne », permet de faire la différence entre ce qui nous appartient et ce qui arrive « de l'extérieur ». Le médium doit également bien intégrer que c'est par l'humilité qu'il conservera sa faculté et qu'il doit se méfier de lui-même ; s'épurer sans cesse et en tout favoriser le bien et le bon est donc le gage d'une faculté respectée. C'est par la connaissance de soi que l'on prend acte de ses failles émotionnelles ou psychiques et que l'on peut alors les panser, pour soi, mais également parce qu'elles représentent une porte grande ouverte pour les Esprits d'ordre inférieur.

Mais là encore, rien ne diffère du chemin de l'homme et de son évolution personnelle, mettre en œuvre son potentiel intérieur pour un plein épanouissement n'étant pas réservé au médium. Se révéler à soi-même, s'étudier sans vanité ni complaisance, pour connaître ce qui nous manque, ce que l'on doit acquérir. Libérer ce moi supérieur et l'aider à s'épanouir. Connaitre ses faiblesses. Fuir de son mieux tous les sentiments mauvais, la haine, la rancune, la jalousie, l'envie, la tristesse où l'on se complait, la crainte, la peur, la colère et tout ce qui use inutilement nos forces. Ne pas laisser sa conscience au repos, l'interroger, la bousculer en maitrisant l'égo s'il amoindrit l'erreur. Bref, arracher de son âme les mauvais penchants comme de son jardin on arrache les mauvaises herbes.

Cette connaissance de soi aide aussi à se défaire de la pollution de l'égo et de ses incitations. Par la volonté, l'effort et par la tempérance étant à l'égo ce que le muselet est au bouchon de champagne, on éloigne l'emprise de nos passions au profit de l'équilibre, dans la bienveillance. Cette bienveillance que nous nous devons et de laquelle surgira la bienveillance pour l'autre.

Enfin, se connaître, c'est être libre. C'est trouver en soi ce que l'on s'échine à aller chercher à l'extérieur. C'est ne pas dépendre de circonstances ou d'autrui pour évaluer son bonheur. C'est maitriser esprit, corps et émotions afin qu'ils ne troublent l'âme dans sa recherche de tranquillité. Et par maitrise il ne faut entendre ni contrôle ni rejet, mais acceptation et accueil, au jour le jour, à l'heure, à la seconde, ici et maintenant.

LOI D'ATTRACTION ET LOI D'AFFINITÉ

" On récolte ce que l'on sème "
Proverbe

Ne nous méprenons pas, affinité et attraction ne nous font pas rouler en Rolls si nous ne pouvons assumer qu'une petite citadine. En d'autres termes, il ne suffit pas de penser gagner au loto pour gagner au loto. Il n'est bien sur pas défendu d'être riche, mais baser son équilibre sur cette richesse en la souhaitant par de répétitives pensées ne produit pas la finalité espérée. La loi d'attraction amène l'idée que l'homme attire ce qu'il veut, certes, mais cela sera toujours étalonné par ce qu'il est et non ce qu'il possède ou souhaite posséder. Cette loi se définit donc simplement : on attire ce que l'on est.

De ce principe découle pour le médium la nécessité de se bonifier afin d'attirer à lui des Esprits bienfaiteurs et d'éloigner les plus nuisibles. En effet, un Esprit est attiré par affinité affective, intellectuelle ou morale avec un autre Esprit (incarné ou désincarné). L'environnement spirituel du médium, comme tout un chacun d'ailleurs, est donc le reflet de sa personnalité. La qualité des effets qu'il produira en est, de fait, dépendante. Pour les moins sensitifs, cette affinité n'en est pas moins concrète. Cette foule d'Esprits prêts à moquer ou à nuire, agit, que l'on croit en son existence ou non et c'est d'ailleurs toujours plus facile d'assaillir une proie à son insu.

D'un autre point de vue, nous attirons ce qui nous anime. Nos pensées, nos émotions attirent et repoussent, tel un aimant selon son côté. Chacune d'entres elles émet un signal, une vibration, une fréquence auquel l'Univers répond par un équivalent vibratoire. De fait, être animé de pensées négatives attire donc une énergie de même valeur ; lancez un boomerang, il revient…

On comprendra, par ce qui précède, que la pensée est créatrice et qu'être positif, c'est attirer les bonnes énergies, les bonnes personnes, les bons moments et bons évènements, les bonnes issues, les bonheurs simples. Et surtout de l'Amour, fort et beau comme si toute la création célébrait cette paix intérieure… Et même si cet Amour rend plus tolérant, c'est également éloigner de soi le faux, le toxique, le néfaste et l'encombrant. Le positif attire le positif et par réaction, éloigne le négatif.

RÉINCARNATION : loi de justice et de progrès

" Naitre, mourir, renaitre encore
et progresser sans cesse, telle est la loi "
Allan Kardec

Il fut un temps où la croyance aux peines éternelles eut son utilité. Comme une crainte salutaire, elle visait à contraindre l'homme au progrès moral et spirituel. Mais véhiculant l'idée que la moindre faute fixait irrévocablement le sort de l'âme après la mort, elle a développé l'inutilité du repentir. Un homme animé de mauvais penchants mais bien que se corrigeant avec l'âge était, par ce principe, destiné à l'enfer pour l'éternité. Cette perpétuité promise ne motivait évidemment pas à changer. Pourquoi se priver quand le moindre écart d'aujourd'hui n'était pas pardonné et fixait à jamais le sort de demain ?

De nos jours, loin de cette croyance, il reste difficile de comprendre et d'accepter que certains souffrent injustement alors que d'autres ne semblent pas être impactés de leurs méfaits. Il est également ni logique ni juste de penser que certains sont heureux et d'autres affligés. Que les uns sont voués au mal, d'autres au bien. Que certains naissent emplis d'égoïsme et d'autres débordent de compassion. L'idée d'un homme naissant handicapé ou l'enfant mourant en bas âge ne représente, elle non plus, ni logique ni justice. L'homme d'église vous dira que c'est la volonté de Dieu. Ainsi, Dieu donnerait tout aux uns et rien aux autres ? Il créerait également des gens malhonnêtes pour les punir ensuite ? A l'inverse, il en affranchirait d'autres de toute épreuve ? Tout cela est incompatible avec l'idée d'un Dieu plein de bonté.

Au delà de toute croyance religieuse, ces différences de condition ici-bas apparaissent effectivement injustes. Comme tout effet a une cause et que la cause précède toujours l'effet, si ces inégalités et injustices n'émanent pas de cette vie, elles lui sont forcément antérieures. La diversité des aptitudes innées, morales et intellectuelles, est bien la preuve que l'âme a déjà vécue ; si elle avait été créée en même temps que le corps actuel, il ne serait pas juste et bon que les unes soient plus avancées que les autres. Et si l'existence actuelle était unique et devait seule décider de l'avenir de l'âme pour l'éternité, il n'y aurait aucun progrès permis.

Or l'âme progresse. Là est son chemin.

Son perfectionnement est le fruit de son propre travail, récolté tout au long de ses différentes incarnations. Ne pouvant en une seule acquérir l'ensemble des qualités morales et intellectuelles, elle y parvient par cette succession d'existences. Chacune d'elle porte les connaissances acquises lors de la précédente et toutes sont dénuées des peines déjà endurées et des épreuves passées avec succès. Ainsi, chaque incarnation est une chance de progresser, de faire un pas en avant et d'achever ce qui n'a pas été atteint dans la précédente. Telle un parent qui sait à la fois punir et soutenir les efforts de son enfant, sans pour autant le cloisonner dans ses erreurs, la réincarnation délivre les moyens nécessaires à l'évolution. De fait, en raisonnant en terme de pluralité d'existences, on comprend alors que la providence est bien plus juste que ces inégalités apparentes. On intègre surtout la certitude d'un avenir présageant la récompense de nos efforts.

A chaque homme est laissée la liberté de céder ou non aux influences néfastes, récoltant le fruit de ses efforts et subissant la conséquence de ses fautes. Fautes qu'il devra évidemment assumer et que son âme ressentira pleinement lors de l'errance, si de son « vivant » il a aveuglé sa conscience. Mais cette prise de conscience après la mort ne suffit pas à l'expiation, l'Esprit doit aussi réparer le mal commis incarné (tout comme le bien qu'il aurait pu faire et qu'il n'a pas fait). Pour cela, il devra endurer ce qu'il a fait endurer ; s'il a été dur et méchant, il sera traité durement et méchamment. Si l'orgueil l'a guidé toute cette vie précédente, il pourra renaitre dans une condition humiliante. Si il a tué, il perdra des êtres chers. Si il a asservi, il sera à son tour au service de celui qu'il a privé de liberté, etc. Cela dit, toutes ces souffrances et épreuves ne sont pas liées à l'expiation d'une faute. Elles sont parfois choisies par l'Esprit pour parfaire son épuration ou peuvent être imposées aux Esprits réfractaires au repentir ou pas assez avancés pour faire un choix en connaissance de cause.

Ceci posé, tout n'est pas « karmique ». Le caractère et la

nature des peines sont bien souvent une conséquence évidente de la personnalité et des actions menées au quotidien et sans rapport aucun avec « hier ». Les vies antérieures sont souvent tenues pour responsables des afflictions du quotidien. « C'est mon karma » dit-on alors qu'il serait, dans certains cas, plus porteur de progrès de reconnaître que « c'est de ma faute ».

Il ne faudrait pas non plus en déduire que tout est écrit, comme un destin pré établi dans son ensemble. Tel un fil conducteur, certaines lignes directrices sont prédéfinies, comme la scolarité impose le passage par la maternelle, puis la primaire, etc. Mais ce qui ne peut être écrit au préalable sont nos actes, nos décisions, nos choix, nos pensées. Pour prendre un exemple concret, imaginons un voleur. Ce voleur vient de passer une vie à commettre des cambriolages et autres vols. Le but à atteindre dans sa vie future, s'il ne se repentit pas avant, sera donc de ne plus voler. Ce « ne plus voler » est ce qui est écrit. Afin de l'éprouver, des suggestions au mal peuvent également être « prévues » par le biais des rencontres par exemple. Mais quant à définir au préalable le chemin que prendra ce voleur, les influences auxquelles il cédera, s'il se pliera aux lois de l'homme, personne ne peut le prédire.

Un autre aspect de la réincarnation concerne l'oubli du passé. A son retour à la vie spirituelle, l'Esprit juge son parcours et fait face à ses erreurs. Mais incarné, il ne se souvient que de ce qu'il a précédemment acquis moralement et intellectuellement, parce que cela lui est utile. Le souvenir de ce passé pénible, de la gravité de ses erreurs ou de la honte qu'il pourrait en ressentir s'ajouteraient alors aux difficultés de la nouvelle incarnation, l'Esprit s'y trouvant en relation avec ceux à qui il a fait du mal. De fait, s'il reconnaissait par exemple une personne qu'il aurait haït, cette haine pourrait endiguer le progrès qu'il se serait fixé dans cette nouvelle vie. L'oubli du passé a cela d'utile qu'il pourrait donc troubler l'Esprit par le souvenir de la haine, de l'humiliation ou de l'offense et donc perturber son libre arbitre. Est donné juste ce qui nous est nécessaire : la voix de la conscience, distillant les bonnes résolutions prises avant chaque incarnation et toutes les directives inscrites en chaque âme. Ainsi, par intuition ou pressentiment, l'homme sera alerté, au moment opportun, par ce signal d'alarme lui indiquant qu'il s'apprête à faire fausse route.

L'homme est donc toujours rétribué selon son dû, dans le mal comme dans le bien et aucun n'échappe aux conséquences de ses actes. Le principe de la réincarnation est en cela la justice la plus parfaite.

CONCLUSION

"Nous ne sommes pas sur cette terre pour filtrer
des boissons et faire cuire des aliments,
mais pour contribuer au perfectionnement de
notre âme "

Sénèque

On me demande souvent comment devenir voyant, comment le développer. La réponse est simple : vous voulez faire de la voyance ? Choisissez un support, apprenez-le, travaillez-le et faites des consultations. Puis vous découvrirez en vous quelques autres supports, ce faisant. Vous voulez devenir médium ? Vous l'êtes. Comment le développer ? Grandissez moralement et spirituellement et la médiumnité grandira avec vous. Puis vous découvrirez que sa pratique n'est pas une fin en soi.

Car « la fin en soi », c'est grandir. C'est mettre en pratique tout ce que les outils de développement personnel et spirituel nous proposent, nous apprennent. C'est développer tout ce qui en nous évoque l'Amour et parle de bienveillance. Il est aisé de nos jours de trouver le bon levier parmi cette multitude de moyens d'évoluer. Tout comme en matière de soins, diverses pratiques scientifiques ou holistiques permettent à l'homme d'être assisté dans sa démarche du mieux être.

La médiumnité a cela de particulier qu'elle démontre en même temps qu'elle révèle. Par ses messages, elle nous guide, nous éveille, nous console et soulage nos épreuves. Et par ses enseignements elle nous aide à comprendre et à accepter que la vie ne nous apporte pas forcément ce que l'on souhaite, mais toujours ce qu'il nous faut. Et ce, pas toujours par le moyen escompté, mais par celui qui nous sera le plus bénéfique dans sa finalité. Avec elle, s'éclaire ainsi le négatif sous un jour nouveau. Nous démontrant qu'il n'est pas que l'ennemi du bon, mais nous mène au meilleur si l'on prend le bon chemin. Le mauvais chemin lui, s'arpente par l'orgueil, la cupidité, la cruauté et les penchants matérialistes qui atteignent de nos jours leurs paroxysmes. Fort heureusement, même si ce chemin est long et implique un profond changement des mentalités, la spiritualité s'impose petit à petit dans l'idéologie générale. A travers elle, la voix de la conscience, cette alarme interne nous permettant de mesurer nos actes et de discerner le bien du mal, se fait de plus en plus vive. L'homme qui l'écoute ne s'épargne pas les vicissitudes du quotidien mais les endure par l'acceptation et la conviction d'un progrès indéfectible. Car tous progressent et progresseront encore, même les immobiles râleurs qui se refusent à changer et grondent le Ciel...

La direction à suivre n'est pas compliquée à trouver, cette boussole interne qu'est notre âme nous l'indique toujours si on sait l'écouter. Mais tout comme la qualité de réception d'une radio est brouillée par les ondes alentours, l'âme est brouillée par le corps. Et tout comme sur cette radio on tourne le bouton pour trouver la fréquence juste, loin des parasites, l'âme doit parfois se détourner du corps. L'entendre mais ne pas l'écouter. Ce dernier n'est certes pas néfaste en soi au point qu'il faille le renier. Ses besoins doivent trouver réponses, qu'ils soient alimentaires, hygiéniques, médicaux ou sexuels. L'ascèse ou la contrition du corps pour favoriser l'essor de l'âme est non seulement dangereux mais inepte !! Raison et bon sens doivent accompagner l'intelligence et il nous faut toujours garder les pieds sur terre... Le corps dans sa constitution possède d'ailleurs des centres énergétiques dont un le relie au spirituel et un autre l'ancre à la terre, ce n'est pas un hasard, encore moins une erreur.

Enfin, il ne faut pas confondre spiritualité et mysticisme. La spiritualité c'est l'équilibre, l'harmonie du corps et de l'esprit, le perfectionnement moral. C'est l'Amour de soi et de l'autre, dans une volonté commune de bienveillance et de respect. C'est la charité et toutes ces vertus qui vivent en nous et que nous n'écoutons pas toujours. Au sens du progrès pour soi même, la spiritualité est comme un bon feu de cheminée. Elle réchauffe le cœur et nous emporte en sa fumée s'éclaircissant à mesure qu'elle s'élève. Et à travers elle, l'être humain (re)découvre les lois divines, ce merveilleux surnaturel qui ne sont donc que les merveilles de la nature.

Table des matières

Livio Éditions
184 Avenue Frédéric Mistral
83110 Sanary-sur-Mer
ISBN : 978-2354550226
Prix de vente TTC : 10€
Dépôt légal : janvier 2019
Crédit photo portrait : Marc Aurel